*Novena para ganhar coragem
de tomar uma decisão*

Felipe G. Alves

Novena para ganhar coragem de tomar uma decisão

Petrópolis

© 2015, Editora Vozes Ltda.
Rua Frei Luís, 100
25689-900 Petrópolis, RJ
www.vozes.com.br
Brasil

Todos os direitos reservados. Nenhuma parte desta obra
poderá ser reproduzida ou transmitida por qualquer
forma e/ou quaisquer meios (eletrônico ou mecânico,
incluindo fotocópia e gravação) ou arquivada em
qualquer sistema ou banco de dados sem permissão
escrita da editora.

Diretor editorial
Frei Antônio Moser

Editores
Aline dos Santos Carneiro
José Maria da Silva
Lídio Peretti
Marilac Loraine Oleniki

Secretário executivo
João Batista Kreuch

Editoração: Gleisse Dias dos Reis Chies
Diagramação: Sheilandre Desenv. Gráfico
Capa: Omar Santos

ISBN 978-85-326-5009-2

Editado conforme o novo acordo ortográfico.

Este livro foi composto e impresso pela Editora Vozes Ltda.

Introdução

Tomar decisões é o que todo o mundo vive fazendo: qual roupa vestir; casar ou não casar; qual profissão exercer; fazer aquela mudança; fazer ou não aquela viagem; comprar ou não aquele carro; terminar um casamento de anos etc. Infelizmente, nem sempre as deliberações são fáceis de serem tomadas. Então, como é importante encher-se de coragem e tomar as decisões acertadas! Mas, existem as pessoas inseguras. Como elas sofrem, pois as escolhas requerem confiança e coragem! Se algumas pessoas precisam de dias para se decidir, os corajosos agem com rapidez e se enchem de sucesso. E, no mundo dos negócios, tais pessoas costumam ir para frente, cheias de alegria.

Triste da pessoa medrosa! Não tem coragem de tomar resoluções! Quanta perda em sua vida; seja financeira, seja social, seja familiar! Só consegue ir para frente quem sabe fazer acontecer. E para que as coisas aconteçam é necessário ter coragem.

Foi para que sua vida se encha de sucesso e de alegria, sabendo tomar decisões certas e na hora certa, que esta novena foi escrita. Esta novena é muito importante, porque ela vai até às raízes dos problemas e, através da oração e do bom-senso, corrige nossas falhas, confiando no Deus cheio de bondade e de amor, que pode iluminar você de maneira total.

Esta novena, se for feita em oração e em meditação, fará acontecer com você a profecia que Isaías proferiu sobre o Servo de Javé, o Senhor Jesus: "Repousará sobre Ele o Espírito do Senhor, Espírito de sabedoria e discernimento, Espírito de conselho e fortaleza, Espírito de conhecimento e temor do Senhor. Ele se inspirará no temor do Senhor. Não julgará conforme as aparências nem decidirá só por ouvir dizer. Julgará os pobres com justiça e decidirá com retidão em favor dos humildes do país" (Is 11,2-4).

1º dia – Aprendendo a tomar decisões

 Oração inicial (Veja no início da novena.)

Oração: Jesus, um dia o Senhor proclamou: "Vocês todos que estão aflitos venham a mim! Eu vou aliviar vocês" (Mt 11,28). Naquela hora, o Senhor pensava em mim que carrego um sério problema: eu não tenho coragem de tomar decisões e nem sei por onde começar. Tomar decisões traz para mim angústia, medos e sofrimento. E o Senhor sabe que, se eu não fizer uma livre-escolha na hora certa, isso só vai trazer prejuízo para mim.

Jesus: Filho, estou feliz porque você recorreu a mim que o amo e só quero o seu bem. Sei que o medo de tomar decisões acaba trazendo perdas irreparáveis, leva a perder a oportunidade de bons lucros e sucesso na vida. Por isso, vale a pena ser cuidadoso e também corajoso! Seja também esperto, pois decidindo-se bem, irá colher bons frutos e, decidindo-se mal, poderá colher prejuízos, em longo ou em médio prazo. Acalme-se e procure ver o problema como um todo, examinando-o sob diversos pontos de vista.

Você: Jesus, por causa de minha insegurança, é mais fácil adiar a decisão. Tenho medo de olhar de frente e procurar resoluções. Por que tudo isso? Em parte é por causa do perfeccionismo. Também me atrapalha fazer escolhas o medo de possíveis consequências negativas que poderão surgir mais tarde. Sei que tomar decisões é difícil porque nenhuma delas é perfeita, já que somos incapazes de perceber todas as consequências.

Jesus: Já que fazer livre-escolha implica resultado bom ou mau, que tal reduzir os riscos, refletindo sobre possíveis danos que possam sobrevir? Olhe também os possíveis acontecimentos que possam sobrevir em longo e curto prazo. Já que tomar uma resolução é algo que possa ser aprendido, vá se exercitando. Confie em mim e comece a agir! "Vou instruir você, indicando o caminho a seguir. Com os olhos sobre você, eu serei o seu conselheiro" (Sl 32,8).

 Oração final (Veja no final da novena.)

2º dia – Cura interior

 Oração inicial (Veja no início da novena.)

Instrução: Pessoa que tem medo de tomar decisões costuma ser gente que carrega no inconsciente os traumas de seu passado. Carl Rogers, psicólogo norte-americano, ensina que tudo o que aconteceu em nosso passado continua guardado no inconsciente, tão doloroso, tão sangrento como no dia em que aconteceu. Aquela criança rejeitada no seio materno, ou cujos pais viviam brigando ou sem tempo de dar carinho, abraços e beijos, é possível que hoje, depois de tantos anos, continue traumatizada, sofrendo as consequências.

Como livrar-se desses problemas emocionais que impedem uma vida otimista, cheia de luz e sucesso? Para isso existem os psicólogos que, através de sessões sucessivas, sabem como eliminar as raízes funestas de tantos problemas. **Mas, além do psicólogo, existe o poder da oração.** Se você não consegue desmanchar o seu passado, Jesus, cheio de poder e de amor, Ele que é o ontem, o hoje e o futuro, Ele pode novamente entrar em seu passado e regravá-lo com novas luzes e libertar você de todos os problemas.

Esse tipo de oração se chama ORAÇÃO DE CURA INTERIOR. Que tipo de oração é essa e como exercitá-la? Você vai fechar os olhos, relaxar-se e subir a escada de sua vida, focalizando cada fato doloroso que aconteceu, mas, **em companhia de Jesus**. Pequenos exemplos: Caso você tenha sido rejeitado por sua mãe, reveja você lá no ventre materno, nas mãos de Jesus, ouvindo a fala dele, dizendo como Ele o ama, como Ele o aceita e como Ele o está curando. Tendo revisto e ouvido tudo isso, agradeça-o e vá em frente. Se não teve o carinho do pai ou da mãe, se foi educado de maneira muito severa, reveja você no colo de Jesus, lá naquela ocasião, e ouvindo suas palavras de ânimo e de bondade. Depois de agradecer a cura desse segundo fato, continue o exercício, vivendo a libertação de todos os outros fatos dolorosos, suportados em outros tempos.

Tempo para agora fazer o exercício de cura interior, pois "a Sabedoria que vem do alto é, antes de tudo, pura, pacífica, humilde, compreensiva, cheia de misericórdia e bons frutos, sem discriminações e sem hipocrisia. Na verdade, um fruto de justiça é semeado na paz para aqueles que trabalham pela paz" (Tg 3,17-18).

Oração final (Veja no final da novena.)

3º dia – Autovalorização

 Oração inicial (Veja no início da novena.)

Instrução: Como é importante se autovalorizar! Como é importante ser otimista e ter olhar positivo! A pessoa que se menospreza, que não crê em si mesma, que vê tudo negativo não irá para frente e só irá sofrer derrotas sobre derrotas. Muita gente que tem medo de tomar resoluções foram crianças que receberam poucos elogios e muitas vezes ouviram palavras ofensivas, como "você é burro", "você não vale nada", ou que sofreram humilhações na escola ou na vida social. Como a falta de amor repercute em nossa autoapreciação! Se eu me aprecio, vou viver a vida de modo positivo; se não me aceito, vou viver a vida de modo negativo.

No Livro dos Juízes você encontra um exemplo disso. É o caso de Gedeão, criado no sofrimento desde criança, pois os madianitas dominavam Israel. O povo de

Deus, cada ano, fazia suas plantações e, na hora de colher, vinham os inimigos e lhes roubavam tudo. Então Gedeão não se valorizava, achava-se o último e nunca iria para frente nem saberia tomar decisões importantes, se não fosse a visita de Deus, que começa valorizando-o, como se lê no Livro dos Juízes (Jz 6,11-23). Veja como o Anjo do Senhor começa elogiando-o: "O Senhor está com você, valente guerreiro!" (Jz 6,12).

Gedeão, em vez de entrar na jogada do Bom Pai, continua a se lamentar. Mesmo assim, o Bom Pai não volta atrás daquilo que lhe disse e continua confiando nele, conforme o versículo 14: "Vá com esta força que você tem e salve Israel da mão dos madianitas. Sou eu que envio você!" Mesmo assim, desacreditado, Gedeão continua desanimado. Mas, o Senhor insiste em valorizá-lo, no versículo 16: "Eu vou estar com você! Por isso você derrotará os inimigos como se fossem um só homem". Então, o nosso herói acaba acreditando

13

que a força de Deus estava com ele, e ele foi e venceu todos os inimigos.

São Paulo também sabia de suas fraquezas e defeitos, mas venceu todos os problemas e teve coragem de fazer estupendas deliberações porque conhecia o seu poder que brotava de Cristo. Chegou até mesmo proclamar: "Posso tudo naquele que me fortalece" (Fl 4,13).

Superando todo e qualquer sentimento de autorrejeição, você vai fazer um exercício espiritual para descobrir todas as suas boas qualidades. Realmente, você é um grande feito do Bom Pai. Foi Ele quem o enriqueceu com inúmeras qualidades. Não é por nada que o Sl 139,13-14 proclama: "O Senhor formou os meus rins, o Senhor me teceu no seio materno. Eu lhe agradeço por tão grande prodígio e me maravilho com as suas maravilhas".

Este exercício deve ser feito com o corpo totalmente relaxado e com olhos fechados: O exercício consiste em descobrir uma por uma todas as suas boas qualidades, tanto as físicas como as familiares, as profissionais e principalmente as espirituais. Após cada descoberta, encha-se de alegria e de louvores, aclamando: "Eu lhe agradeço por tão grande prodígio e me maravilho com as suas maravilhas".

Oração final (Veja no final da novena.)

4º dia – Vencendo as dificuldades em tomar decisões

Oração inicial (Veja no início da novena.)

Instrução: Já sabemos que pessoas inseguras, pessoas de baixa autoestima, pessoas tímidas apresentam maior dificuldade em tomar decisões. Já sabemos que tais pessoas comumente tiveram uma educação muito severa. Mas, que tal descobrir agora a arte de ver, julgar e agir com retidão?

Como foi importante descobrir seus valores e suas boas qualidades! Descubra agora toda a riqueza de suas experiências no passado, relembre os sucessos em sua experiência de tempos atrás e descubra fatos positivos, produtos de suas determinações! Se hoje você tem valores não são eles resultado de boas deliberações tomadas no passado?

Para tomar resoluções acertadas é necessário também desenvolver o espírito crítico, abrir os olhos e descobrir o que está acontecendo perto de nós e descobrir para onde estamos sendo levados. Então, segurando firme as rédeas nas mãos, controlando seu lado emocional, com os olhos abertos para saber por onde ir, certamente o caminho do triunfo será garantido.

Que tal descobrir também os nossos limites e saber escolher pessoas que, tendo a cabeça fria, por estarem fora do problema, podem nos orientar melhor?

Há pessoas que ficam pensando, pensando e não decidem nada. Por que ficar pensando a vida inteira? Por favor, pare de pensar e simplesmente faça, mesmo correndo o risco de se arrepender. Não sabia que cada escolha é um passo para decidir melhor nas próximas vezes? Deliberar significa arriscar e criar algo novo. É preciso fazer por onde e, com coragem, correr o risco. É possível que não dê certo. Mas, pelo menos, houve a coragem para uma livre-escolha, provinda de uma boa dose de autoconfiança. É preciso ter coragem de acreditar na capacidade de se determinar.

Que tal confiar plenamente no Bom Pai, através da oração cheia de poder? Que tal clamar por Ele, como nos ensina o Sl 143,8: "Faça-me ouvir o seu amor pela manhã, pois é no Senhor que eu confio! Indique-me o caminho a seguir, pois ao Senhor elevo a minha alma!" *(Feche os olhos e faça sua oração.)*

 Oração final (Veja no final da novena.)

5º dia – A oração cheia de confiança

Oração inicial (Veja no início da novena.)

Instrução: Feliz a pessoa que se valoriza e reconhece tudo de bom que traz em seu caráter, em sua personalidade e vive nos caminhos do Senhor! Esta pessoa costuma não tropeçar ao tomar suas decisões, pois ela costuma analisar todos os fatos e problemas que cercam o assunto a ser decidido. Não só. Ela costuma conservar a mente aberta a novas ideias. Essa pessoa sabe que o Bom Pai, que cuida até dos passarinhos, irá protegê-la e iluminá-la em suas resoluções. Veja a Palavra de Deus em Tg 1,5-6: "Se alguém de vocês necessita de sabedoria, peça a Deus – a Ele, que dá a todos generosamente e sem recriminação – e lhe será dada. Mas peça com fé, sem nenhuma vacilação, pois quem vacila é como a onda do mar agitada e impelida pelo vento".

Oração (Sl 25): Ao Senhor, Bom Pai, elevo a minha alma. No Senhor confio, meu

Deus. Que eu não fique envergonhado e meus inimigos não triunfem sobre mim! Os que esperam no Senhor não ficam envergonhados; envergonhados ficam todos os traidores.

Mostre-me os seus caminhos, Bom Pai! Ensine-me as suas veredas! Guie-me com sua verdade! Ensine-me, pois, que o Senhor é o meu Deus salvador e no Senhor espero o dia todo. Bom Pai, lembre-se da sua compaixão e do seu amor, que existem desde sempre! Não se lembre de meus desvios nem dos pecados da minha juventude! Lembre-se de mim, conforme o seu amor, por causa da sua bondade, Bom Pai! [...]

Volte-se para mim, tenha piedade de mim, pois estou solitário e infeliz! Alivie as angústias do meu coração, tire-me das minhas aflições! Olhe a minha fadiga e miséria e perdoe os meus pecados todos! [...]

Guarde-me a vida! Liberte-me! Que eu não fique envergonhado por abrigar-me no Senhor! Que a integridade e retidão me preservem, pois no Senhor espero, Bom Pai! Ó Deus, resgate seu povo de todas as suas angústias!

Instrução: Como é importante confiar no Bom Pai quando precisar de orientação para tomar suas resoluções! Seu olhar abrange o céu e a terra, muito mais a você que conhece o seu amor. Veja que clareza as palavras inspiradas em Pr 3,4-6: "Alcançará favor e boa reputação aos olhos de Deus e dos homens. Confie no Senhor com todo o seu coração e não se apoie em seu próprio entendimento; reconhece-o em todos os caminhos e Ele aplainará as suas sendas".

Realmente, a prece ilumina suas livres-escolhas. Quando Jesus ia decidir quais seriam seus apóstolos, não foi Ele se refugiar na oração? Veja isso em Lc 6,12-13: "Por aqueles dias Jesus retirou-se para a montanha a fim de rezar e passou toda a noite em oração a Deus. Pela manhã chamou os discípulos e escolheu doze dentre eles, aos quais deu o nome de apóstolos". É importante ter humildade quando pedimos a Deus para nos ajudar a tomar boas decisões. "Faça-me saber os seus caminhos, Senhor; ensine-me as suas veredas! Guie-me na sua verdade e ensine-me, pois o Senhor é o Deus da minha salvação; pelo Senhor estou esperando todo o dia" (Sl 25,4-5).

Oração final (Veja no final da novena.)

6º dia – Davi confia em Deus e vence Golias

Oração inicial (Veja no início da novena.)

Instrução: O exército dos filisteus aterrorizava os israelitas. O pior ainda eram as palavras de Golias, um gigante, com quase três metros de altura, que desafiava o povo de Deus, para que alguém viesse lutar contra ele. Se alguém o vencesse, os filisteus seriam escravos de Israel. Se o gigante vencesse, todo Israel seria escravo dos filisteus. E o povo de Deus morria de medo. Mas, eis que chega de Belém um simples garoto, Davi, que fora ver como estavam seus irmãos. E o pequeno ouviu o desafio e, cheio de coragem e confiança em Deus, apresentou-se ao chefe Saul, oferecendo-se para lutar e vencer o gigante. E armado apenas com sua funda e com a fé que tinha no Bom Pai, foi ao encontro de Golias, que, ao vê-lo, o desprezou, dizendo: "Vem cá, que darei a sua carne às aves do céu e aos animais do campo!" (1Sm 17,44). Sem temor, o garoto respondeu: "Você vem contra mim com espada e lança e cimitarra; mas eu venho contra você em nome do Senhor Todo-poderoso, Deus das linhas de batalha de Israel a quem você desafiou" (1Sm 7,45). E a história continua nos versículos 48-49: "Quando o filisteu avançou, aproximando-se mais e mais de Davi, este correu depressa da linha de batalha ao encontro do filisteu. Davi pôs a mão na sacola, tirou dela uma pedra, arremessou-a com a funda, acertando o filisteu na testa com tanta força que a pedra lhe penetrou na testa e ele tombou com o rosto por terra".

Para você é difícil ser determinado? Aprenda com esse garoto a confiar em Deus e maravilhas vão acontecer!

Oração final (Veja no final da novena.)

7º dia – Judite confia em Deus e vence Holofernes

Oração inicial (Veja no início da novena.)

Holofernes, general de Nabucodonosor, com um poderoso exército, cerca a fortaleza de Betúlia, ameaçando todo o povo de Israel. Os israelitas já estavam desanimados e prontos para se entregar nas mãos dos inimigos. Judite, uma simples mulher do povo, confia em Deus, rezando: "Seu poder não está no grande número nem a sua soberania entre os que têm força. O Senhor é o Deus dos humildes, o socorro dos oprimidos, o amparo dos fracos, o protetor dos abandonados, o salvador dos desesperados. Sim, Deus de meu pai, Deus da herança de Israel, soberano dos céus e da terra, criador das águas, rei de tudo o que criou, ouça o Senhor a minha súplica: Dê-me palavras sedutoras para ferir e matar os que conceberam crueldade contra a sua Aliança, sua santa morada, a montanha de Sião e a Casa que pertence ao Senhor!" (Jt 9,11-14). Ela confiou no Bom Pai, conseguiu penetrar no acampamento dos assírios, na tenda de Holofernes e cortar-lhe a cabeça com a própria espada do general.

Para você é difícil ser determinado? Aprenda com essa senhora a confiar em Deus e maravilhas vão acontecer!

A história continua: "O sumo sacerdote e o conselho de anciãos israelitas de Jerusalém foram contemplar os benefícios que o Senhor tinha feito por Israel e também para conhecer Judite. Chegando à casa dela, todos a elogiaram, dizendo: 'Você é a glória de Jerusalém! Você é a honra de Israel! Você é o orgulho de nossa gente!'" (Jt 15,8-9). Interessante notar que esse mesmo elogio dirigido a Judite, a Igreja dirige também a Maria, a mulher corajosa, revestida do sol e que tem a lua das inseguranças sob os seus pés, ela que, sem medo, tomou a grande determinação de aceitar ser a mãe de Deus. Foi assim: O anjo do Senhor lhe anunciou ser ela a escolhida para conceber e dar à luz o Salvador do Mundo. E ela, mesmo sabendo dos grandes problemas que adviriam com a sua resolução, mesmo sabendo das tribulações que poderiam chegar, ela opta pela obediência ao plano de Deus e afirma: "Eis a escrava do Senhor. Faça-se em mim segundo a sua palavra" (Lc 1,38).

Oração: Ó Maria, mulher corajosa, mãe de Deus e minha mãe, possa eu, com a sua graça e a sua intercessão, ter a sua coragem para tomar deliberações necessárias para que o Reino de Deus se estenda mais e mais, através de minhas ações. Amém.

Oração final (Veja no final da novena.)

8º dia – Jesus toma sua maior decisão na oração

Oração inicial (Veja no início da novena.)

Instrução: Jesus, naquela Quinta-feira Santa, no Horto das Oliveiras, sabia que, se permanecesse naquela noite em Jerusalém, Ele estaria irremediavelmente perdido. Seria preso, seria condenado à morte e morreria crucificado. E se Ele fugisse? Ninguém mais o pegaria, pois Ele conhecia bem o deserto de Judá que começa lá perto de onde Ele estava. Mas, sua fuga seria uma traição à vontade do Pai. Qual resolução tomar? Fugir ou permanecer? Então Ele ora no Horto das Oliveiras. Ele ora em grandíssima aflição a ponto de suar sangue. Ele ora, entregando-se totalmente à vontade do Pai: "Pai, se quer, afaste de mim este cálice! Contudo, não se faça a minha vontade, mas a sua" (Lc 22,42-43). Então, Ele fez a sua grande opção: "Não fugirei. Mesmo passando pela morte, farei a vontade do Pai. Mas, sei que no final a vitória total será de Deus". Morreu sim, mas, RESSUSCITOU.

Agora, sentado à direita do Pai, Ele preside o mundo inteiro. E esse Jesus é o nosso caminho, a nossa verdade e a nossa vida. Como Ele, entregue-se nas mãos do Pai, confie nele e a vitória de Cristo será a sua vitória.

Junto com Jesus, faça a sua prece: "Bom Pai, ouça a minha prece! O Senhor é fiel. Atenda às minhas súplicas! O Senhor é justo. Responda-me! Não entre em julgamento contra o seu servo, pois diante do Senhor nenhum vivente é justo!

Livre-me dos meus inimigos, Bom Pai, pois eu me refugio junto ao Senhor! Ensine-me a cumprir a sua vontade, pois o Senhor é o meu Deus! Que o seu Bom Espírito me conduza por uma terra aplainada! Bom Pai, por seu nome conserve-me vivo, e por sua justiça tire-me da angústia"! (Sl 143,1-2.9-12).

 Oração final (Veja no final da novena.)

9º dia – Louvar, simplesmente louvar

Instrução (sem a oração inicial): Você está no último dia da novena, feita para ganhar a graça de saber tomar uma decisão. Então, a Carta aos Filipenses nos ensina algo muito importante: Devemos pedir com confiança, na alegria, sem se inquietar com nada e **já agradecendo** a graça que pede, com **a certeza de a receber**: "Alegrem-se sempre no Senhor! Repito: Alegrem-se! Sua bondade seja conhecida de todos os homens. O Senhor está perto. Não se inquietem por coisa alguma. Em todas as circunstâncias apresentem a Deus suas necessidades em oração e súplica, **acompanhadas de ação de graças.** E a paz de Deus, que excede toda inteligência, haverá de guardar seus corações e pensamentos em Cristo Jesus" (Fl 4,4-7).

Exercício de oração, visualizando a graça já recebida: Já que assim é, faça a linda oração do Sl 144. Mas, antes, se na **oração de cura interior** você voltou ao passado e viu Jesus curando você, agora faça o contrário: Feche os olhos e veja, **num futuro próximo,** dentro da luz de Jesus, a graça que vem suplicando, mas, como se já a tivesse alcançado. Então, se encha de alegria e entoe o Sl 144, em lugar do Sl 34!

Sl 144: Eu exalto o Senhor, meu Deus, meu rei, e bendigo o seu nome, para sempre e eternamente. Vou bendizê-lo todos os dias e louvar o seu nome para sempre e eternamente.

Grande é o Bom Pai! Ele merece todo o louvor. Não dá para medir a sua grandeza. Uma geração apregoa suas obras para a outra, proclamando as suas façanhas. Sua fama é esplendor de glória: eu vou cantar o relato das suas maravilhas. Vão falar do poder de suas maravilhas e eu vou cantar a sua grandeza. Vão espalhar a lembrança da sua bondade imensa e vão aclamar a sua justiça.

O Bom Pai é piedade e compaixão, lento para a cólera e cheio de amor. Ele é bom para todos, compassivo com todas as suas obras.

Que suas obras todas lhe agradeçam, Bom Pai, e seus fiéis o bendigam! Proclamem a glória do seu reino e falem das suas proezas, para anunciá-las aos homens e a majestade gloriosa do seu reino! Seu reino é reino para os séculos todos e seu governo para gerações e gerações.

O Senhor é fiel às suas palavras, amoroso em todas as suas obras. Ele ampara todos os que caem e endireita todos os encurvados.

No Senhor esperam os olhos de todos e, no tempo certo, o Senhor lhes dá o alimento. Abre a mão e sacia à vontade todo ser vivo.

O Bom Pai é justo em seus caminhos todos e fiel em todas as suas obras. Ele está perto de todos aqueles que o invocam, de todos os que o invocam sinceramente. Ele realiza o desejo dos que o respeitam; ouve o grito deles e os salva. O Bom Pai guarda todos os que o amam. [...]

Minha boca pronuncie o seu louvor e todo ser vivo bendiga seu nome santo, para sempre e eternamente!

Editorial

**CULTURAL
CATEQUÉTICO PASTORAL
TEOLÓGICO ESPIRITUAL
REVISTAS
PRODUTOS SAZONAIS
VOZES NOBILIS
VOZES DE BOLSO**

CADASTRE-SE
www.vozes.com.br

EDITORA VOZES LTDA.
Rua Frei Luís, 100 – Centro – Cep 25689-900 – Petrópolis, RJ
Tel.: (24) 2233-9000 – Fax: (24) 2231-4676 – E-mail: vendas@vozes.com.br

UNIDADES NO BRASIL: Belo Horizonte, MG – Brasília, DF – Campinas, SP – Cuiabá, MT
Curitiba, PR – Florianópolis, SC – Fortaleza, CE – Goiânia, GO – Juiz de Fora, MG
Manaus, AM – Petrópolis, RJ – Porto Alegre, RS – Recife, PE – Rio de Janeiro, RJ
Salvador, BA – São Paulo, SP